ARCO IRIS DE POESÍA

POEMAS DE LAS AMÉRICAS Y ESPAÑA

ARCO IRIS DE POESÍA

POEMAS DE LAS AMÉRICAS Y ESPAÑA

Selección de SERGIO ANDRICAÍN

Ilustrado por OLGA CUÉLLAR

LECTORUM
PUBLICATIONS INC
a subsidiary of Scholastic Inc.
New York

Para Toni, por haberme enseñado a
redescubrir el País de la Infancia.
—S. A.

Para ti.
—O. C.

AGRADECIMIENTOS

Este libro existe gracias a la generosa ayuda de muchas personas de diferentes países. De Argentina, Lilian Stratta. De Bolivia, Fanny Mendizábal de Alfaro y Gaby Vallejo. De Chile, Alicia Morel y Manuel Peña Muñoz. De Costa Rica, Carlos Rubio. De Ecuador, Edgar Allan García. De El Salvador, Roy Beers Brannon y Francisco Allwood. De Guatemala, Irene Piedrasanta. De Honduras, Rubén Berríos. De México, Isabel Suárez de la Prida y Martha Sastrías. De Panamá, Héctor Miguel Collado y Rainer Tuñón. De Paraguay, Mónica Thompson. De Perú, Heriberto Tejo. De Puerto Rico, Rafael Acevedo, Marietta Florez Prida y Rosa Feliciano. De Uruguay, Graciela Genta y Sylvia Puentes de Oyenard. De Venezuela, Alfredo Rugeles y Fanuel Díaz. A todos, muchas gracias.

Library of Congress Cataloging-in-Publication Data
Arco iris de poesía : poemas de las Américas y España / selección de Sergio Andricaín ; ilustrado por Olga Cuéllar.   p. cm.
ISBN 978-1-930332-59-1 (hardcover) 1. Children's poetry, Latin American. 2. Children's poetry, Spanish. I. Andricaín, Sergio. II. Cuéllar, Olga, 1953-   PQ7084.A73 2007   861.008'09282–dc22   2007026095
10 9 8 7 6 5 4 3 2 1
Printed in Singapore

AUTORIZACIONES

"Mariposa", de *El circo de papel*, por Oscar Alfaro. Copyright © 1970 por Oscar Alfaro. Impreso con permiso de Fanny Mendizábal de Alfaro. "Quedé más rica" por Marina Colasanti. Traducción de Sergio Andricaín. Impreso con permiso de Marina Colasanti. "Marea baja" por Ana Maria Machado. Traducción de Jadranka Vrsalović-Carević. Impreso con permiso de Ana Maria Machado. "Dame la mano", de *Ternura*, por Gabriela Mistral. Copyright © 1945 por Gabriela Mistral. Impreso con permiso de Doris Dana. "Baile de las flores" por Alicia Morel. Impreso con permiso de Alicia Morel. "Receta para dormir", de *El libro que canta*, por Yolanda Reyes. Copyright © 2005 por Yolanda Reyes. Impreso con permiso de Yolanda Reyes. "Plan de trabajo", de *Mi bicicleta es un hada y otros secretos por el estilo*. Copyright © 1992 por Antonio Orlando Rodríguez. Impreso con permiso de Antonio Orlando Rodríguez. "Preguntas", de *Palabrujas*, por Edgar Allan García. Copyright © 2002 por Edgar Allan García. Impreso con permiso de Edgar Allan García. "Barrilete" por Claudia Lars. Impreso con permiso de Roy Beers Brannon. "El lagarto está llorando" por Federico García Lorca. Impreso con permiso de © Herederos de Federico García Lorca. "La casa en el árbol", de *Donde el camino se corta*, por Shel Silverstein. Copyright © 1971, renovado 2002 por Evil Eye, LLC. Impreso con permiso de Edite Kroll Literary Agency Inc. Traducción de Ediciones B. "Obsequio", de *Ajonjolí*, por Francisco Morales Santos. Copyright © 1997 por Francisco Morales Santos. Impreso con permiso de Francisco Morales Santos. "La marimba" por Rubén Berríos. Impreso con permiso de Rubén Berríos. "Lluvia" por Isabel Suárez de la Prida. Publicado en *Cómo motivar a los niños a leer*, por Martha Sastrías. Copyright © 1992 por Isabel Suárez de la Prida. Impreso con permiso de Isabel Suárez de la Prida. "Poema", de *De trompos y rayuelas*, por Héctor Miguel Collado. Copyright © 2001 por Héctor Miguel Collado. Impreso con permiso de Héctor Miguel Collado. "Ciudad del cielo, a las cuatro", de *Cartas al señor Sol*, por Maríaluisa Artecona de Thompson. Copyright © 1965 por Maríaluisa Artecona de Thompson. Impreso con permiso de Mónica Thompson. "Magia de primavera", de *Magia de primavera*, por Heriberto Tejo. Copyright © 1989 por Heriberto Tejo. Impreso con permiso de Heriberto Tejo. "Trompo bailarín" por Ester Feliciano Mendoza. Impreso con permiso de Rafael Acevedo. "Canción del niño y la mar", de *Lunas de abril*, por Graciela Genta. Copyright © 1990 por Graciela Genta. Impreso con permiso de Graciela Genta. "Primavera", de *¡Canta, Pirulero!*, por Manuel Felipe Rugeles. Copyright © 1950 por Manuel Felipe Rugeles. Impreso con permiso de Alfredo Rugeles.

Presentación

Quizás alguna vez te hayas preguntado para qué sirven esos escritos organizados en renglones cortos que las personas mayores llaman "poesía". Yo también. Una buena respuesta podría ser esta: para ayudarnos a descubrir muchas cosas asombrosas que nos rodean y que, en ocasiones, ni nos damos cuenta de que están ahí. La poesía es como una lupa que vuelve visible lo invisible o nos permite ver de otra manera lo cotidiano.

Un buen poema es una invitación a observar, a soñar, a pensar, e incluso a reír. Los poetas saben cómo describir paisajes, personajes y emociones, cómo contar historias divertidas o tristes, sin necesidad de largos párrafos. También conocen los secretos para hacer música con las palabras, y pintar con ellas como si usaran los colores de una acuarela.

Este libro recoge una treintena de poemas de autores de América Latina, España y Estados Unidos, apenas una muestra de la extensa producción lírica dedicada a los niños en esos lugares del planeta. Sus creadores no sólo pertenecen a diferentes países, sino también a distintas épocas y estilos literarios. Sin embargo, a todos parece unirlos la voluntad de entregar versos que nos transformen en seres humanos más sensibles, atentos e imaginativos.

Por razones de espacio no aparecen en el libro todos los autores y poemas que hubiera deseado incluir, pero los que están son dignos representantes de lo mejor de la poesía de sus respectivos países. Con sus versos hemos conformado, para ti, este arco iris de ritmos, tonalidades y sentimientos. ¡Que lo disfrutes!

Sergio Andricaín

El ave marina

Alza una gaviota el vuelo,
y hacia la estrella remota,
parece que la gaviota
fuera hundiéndose en el cielo.

Quién pudiera sobre el mar,
como la gaviota aquella,
darse al viento, dulce estrella,
y hacia ti volar, volar...

Leopoldo Lugones (ARGENTINA)

El Sapito Glo Glo Glo

Nadie sabe dónde vive.
Nadie en la casa lo vio.
Pero todos escuchamos
al sapito: glo... glo... glo...

¿Vivirá en la chimenea?
¿Dónde diablos se escondió?
¿Dónde canta, cuando llueve,
el sapito Glo Glo Glo?

¿Vive acaso en la azotea?
¿Se ha metido en un rincón?
¿Está abajo de la cama?
¿Vive oculto en una flor?

Nadie sabe dónde vive.
Nadie en la casa lo vio.
Pero todos lo escuchamos
cuando llueve: glo... glo... glo...

José Sebastián Tallon (ARGENTINA)

Mariposa

Señorita
mariposa,
abanico que se agita
junto al rostro de una rosa.

Es un alegre pañuelo,
con el cual baila un enano
picaruelo
algún baile americano.

Es también una bandera
diminuta,
en la ruta
del viento de primavera.

Y se posa
en el libro de un chicuelo.
¡Qué ilustración más hermosa
que le ha caído del cielo!

Oscar Alfaro (BOLIVIA)

Quedé más rica

Hallé una lentejuela
en medio de la calzada
    gota de luz irisada
    trozo de estrella
    escama de sirena.

Puse en la punta del dedo
lo que hallé y ahora es mío,
quedé más rica al instante
con ese casi diamante,
pobre está quien lo ha perdido.

Marina Colasanti (BRASIL)

Marea baja

¿Dónde anda la onda
si la luna rotunda
se enciende redonda
se espeja precisa
en la calma tan lisa
de la piel del mar?

¿En qué funda se enfunda esa onda?
¿En qué red se enreda?
¿En qué sonda se ahonda?
¿Dónde ronda su randa
de espuma tan fina
de brillo lunar?

Ana Maria Machado (BRASIL)

Dame la mano

A Tasso de Silveira

Dame la mano y danzaremos;
dame la mano y me amarás.
Como una sola flor seremos,
como una flor, y nada más...

El mismo verso cantaremos,
al mismo paso bailarás.
Como una espiga ondularemos,
como una espiga, y nada más.

Te llamas Rosa y yo Esperanza;
pero tu nombre olvidarás,
porque seremos una danza
en la colina, y nada más...

Gabriela Mistral (CHILE)

10

Baile de las flores

Primer pie

Un baile baile
la Rosa dio,
invitó al Viento
y no llegó.

Entre las hojas
está escondido,
ojos azules
se hace el dormido.

Y ha olvidado
venir al baile
con su cabeza,
cabeza de aire.

Las flores lloran,
cae el rocío,
el Viento sueña
alas de frío.

Segundo pie

El baile baile
empezó ya,
despertó el Aire
con su cantar.

Gira la Rosa,
giran las sombras,
las Margaritas
hacen su ronda.

El Viento loco
las despeinó,
las flores, riendo,
dieron olor.

Final

Terminó el baile,
se puso el Sol,
la Mariposa
no se durmió,
y desvelada,
tras de su sombra
bailó y bailó.

Alicia Morel (CHILE)

La cangreja consejera

Anda siempre derecha,
querida hijita
(Mamá Cangreja díjole
a Cangrejita);
para ser buena
obedece a tu madre
cuanto te ordena.

—Madre, responde aquella,
voy a seguirte,
no quiero en ningún caso
contradecirte.
Ve tú delante,
que dándome el ejemplo
lo haré al instante.

Rafael Pombo (COLOMBIA)

Receta para dormir

Para que el sueño venga, se recomienda
cerrar los ojos, contar ovejas,
oír el canto de las estrellas,
comer manzana con mejorana
y tomar agua de toronjil,
sentir que el viento mece la cama,
tocar la almohada con la nariz.

Para que el sueño venga y se quede quieto
toda la noche, cerca de ti,
pídele al mundo que haga silencio,
dile que el sueño quiere dormir.
Shhhh...

Yolanda Reyes (COLOMBIA)

La flor del diente de león

Soy la florecita
del diente de león,
parezco en la hierba
un pequeño sol.

Me estoy marchitando,
ya me marchité;
me estoy deshojando,
ya me deshojé.

Ahora soy un globo
fino y delicado,
ahora soy de encaje,
de encaje plateado.

Somos las semillas
del diente de león,
unas arañitas
de raro primor.

¡Qué unidas nos puso
la mano de Dios!
Ahora viene el viento:
¡hermanas, adiós!

Carmen Lyra (COSTA RICA)

Versos Sencillos
V

Si ves un monte de espumas
es mi verso lo que ves:
mi verso es un monte, y es
un abanico de plumas.

Mi verso es como un puñal
que por el puño echa flor:
mi verso es un surtidor
que da un agua de coral.

Mi verso es de un verde claro
y de un carmín encendido:
mi verso es un ciervo herido
que busca en el monte amparo.

Mi verso al valiente agrada:
mi verso, breve y sincero,
es del vigor del acero
con que se funde la espada.

José Martí (CUBA)

Plan de trabajo

El lunes,
cortarles las uñas
a los duendes;

el martes,
llevar al dinosaurio
a su lección de música;

el miércoles,
escribir tres cuentos alegres
y uno muy triste;

jueves y viernes,
dejar en todas las playas,
los ríos
y las lagunas del mundo,
botellas con mensajes que digan:
"te quiero",
"regálame una sorpresa",
"¡vivan las lagartijas!";

el sábado,
ir de paseo
en alfombra mágica
con los muchachos del barrio;

y el domingo
echar alpiste,
mucho alpiste,
a los sueños.

Antonio Orlando Rodríguez (CUBA)

Preguntas

A Alejandro

Si mi profesora
me enseña a usar el "punto y coma",
pero en el almuerzo
mi mamá insiste en el "coma y punto",
¿a quién le hago caso
en ese asunto?

Si en la escuela nadie quiere
enseñarme el "punto de caramelo"
mucho más dulce que los aburridos
"punto aparte" y "punto seguido",
¿a quién debo hacer
ese pedido?

Si quiero que las letras vuelen
sin márgenes ni cuadernos
y que las gaviotas sean un visto bueno
en la pizarra azul del cielo,
¿por qué debo callar
lo que yo quiero?

Y si mi lágrima es una pizca de ola
con nostalgia del mar
y mi risa un pequeño huracán
que tiene ganas de volar,
¿por qué no amar el viento,
por qué no ser el mar?

Edgar Allan García (ECUADOR)

Barrilete

Alta flor de las nubes
—lo mejor del verano—
con su tallo de música
en mi mano sembrado.

Regalo de noviembre,
nuevo todos los años:
para adornar el día,
para jugar un rato.

Banderola de fiesta
que se escapa, volando...
Pandereta que agitan
remolinos lejanos.

Pececillo del aire
obstinado en el salto;
pájaro que se enreda
en su cola de trapo.

Luna de mediodía
con cara de payaso;
señor del equilibrio,
bailarín del espacio.

Ala que inventa el niño
y se anuda a los brazos.
Mensaje a lo celeste.
Corazón del verano.

Claudia Lars (EL SALVADOR)

En las mañanicas
del mes de mayo
cantan los ruiseñores,
retumba el campo.
En las mañanicas,
como son frescas,
cubren ruiseñores
las alamedas.
Ríense las fuentes
tirando perlas
a las florecillas
que están más cerca.
Vístense las plantas
de varias sedas,
que sacar colores
poco les cuesta.
Los campos alegran
tapetes varios,
cantan los ruiseñores
retumba el campo.

Lope de Vega (ESPAÑA)

18

El lagarto está llorando

A Mademoiselle Teresita Guillén
tocando su piano de seis notas.

El lagarto está llorando.
La lagarta está llorando.

El lagarto y la lagarta
con delantaritos blancos.

Han perdido sin querer
su anillo de desposados.

¡Ay, su anillito de plomo,
ay, su anillito plomado!

Un cielo grande y sin gente
monta en su globo a los pájaros.

El sol, capitán redondo,
lleva un chaleco de raso.

¡Miradlos qué viejos son!
¡Qué viejos son los lagartos!

¡Ay cómo lloran y lloran,
¡ay! ¡ay! cómo están llorando!

Federico García Lorca (ESPAÑA)

La casa en el árbol

Una casa en un árbol, una casa en libertad,
una casa secreta para compartir nuestros juegos,
una casa entre hojas y ramas, en las alturas,
más cómoda que esa casa no sé de ninguna.

Una casa adosada, una casa ordenada,
una casa que exija limpiarse los pies en la entrada
ni es casa ni nada que yo pueda concebir.
¿Y si a la casa del árbol nos vamos a vivir?

Shel Silverstein (ESTADOS UNIDOS)

TEXTO E ILUSTRACIÓN DE SHEL SILVERSTEIN

Obsequio

Mi corazón es un fruto.
Un nido es mi corazón.
Pájaro es.
Y girasol.
También es fuego
y panal.
¿Qué se te ofrece de él?

Francisco Morales Santos (GUATEMALA)

La marimba

Es un puente
de flores
la marimba.
Una vaca
de música.
Un muelle
de luceros
donde pescan
los niños,
esperanzas
y sueños.

Rubén Berríos (HONDURAS)

Solidaridad

Alondra, ¡vamos a cantar!
Cascada, ¡vamos a saltar!
Riachuelo, ¡vamos a correr!
Diamante, ¡vamos a brillar!
Águila, ¡vamos a volar!
Aurora, ¡vamos a nacer!
¡A cantar!
¡A saltar!
¡A correr!
¡A brillar!
¡A volar!
¡A nacer!

Amado Nervo (MÉXICO)

Lluvia

Los dedos de la lluvia,
como manos de hada,
humedecen la tarde
golpeando mi ventana
con un repiqueteo
de cuentitas aladas.

Escucho el ritmo alegre
de unos gnomos que bailan
si la lluvia es ligera;
y cuando se levanta
su voz estremecida
de sirena encantada,
y se vuelca en torrente
el cofre del pirata
con diez mil perlas blancas,
me parece un gran río
de lejana comarca...
¡su música convida
a soñar con cascadas!

Luego se vuelve lenta:
los trovadores cantan,
la princesa suspira...
dos muñecos ensayan
un minué cadencioso
haciendo caravanas,
y un público de duendes,
asomado en el agua
aplaude alborozado
con sonoras palmadas.

Isabel Suárez de la Prida (MÉXICO)

Un Soneto para Bebé

A Carlitos Hübner Bezanilla

Un verso nuevo y gentil
y metálico y sonoro;
un precioso anillo moro
que puliera el esmeril;

una rosa del abril
que dentro el pecho atesoro;
una perla en concha de oro
llena de aroma sutil.

Pues que tu lengua interpreto,
idioma de luz y miel,
te daría, niño inquieto,

envuelto en este papel,
un diamante hecho soneto
para que juegues con él.

Rubén Darío (NICARAGUA)

Poema

Un poema no es un pájaro,
sino el vuelo de los pájaros.

No es la nube,
sino la canción de las nubes.

Un poema es una casa abierta,
con puertas y ventanas
despiertas.

Un poema no es la flor,
sino el aroma de las flores.

No es un árbol
sino el fruto de los árboles.

Un poema, no es un verso
sino el universo.

Héctor Miguel Collado (PANAMÁ)

Ciudad del cielo, a las cuatro

Por un instante
yo soy de oro.
Por un instante
yo soy de plata.
Por un instante
yo soy de plomo.
Si el sol me besa.
Si el sol me llama.

Por un instante
yo soy de espuma.
Por un instante
yo soy de gasa.
Por un instante
soy de suspiros.
Si el sol me besa.
Si el sol me ama.

Por un instante
guardo en mi cuerpo
la mano ardiente
del sol de fuego,
o duermo quieta
junto a la luna
mientras la lluvia
me espera inquieta.

Marialuisa Artecona de Thompson (PARAGUAY)

Magia de primavera

–Buenos días, Mariquita.
–Buenos días, Caracol.

–¿Pasó el amor por tu casa?
–¿Por mi casa? ¡No señor!

–Yo vivo sola en un hongo.
–Yo solo bajo una col.

–¡Qué lindo! ¡Qué lindo día!
–¡Qué lindo con tanto sol!

–¡Primavera está llegando!
–¿Primavera? ¡Ya llegó!

–Adiós, Mariquita linda.
–Adiós, Caracol, col, col.

Heriberto Tejo (PERÚ)

Mediodía

Mi gallo ama el bosque umbrío
de la verde cordillera
y la caricia casera
de la hamaca en el bohío.
Cuando lanza su cantío,
es por su tierra y su amada.
Galán de capa y espada,
es el donjuán de la fronda,
que bajo la fronda, ronda
con su capa colorada.

Luis Lloréns Torres (PUERTO RICO)

Trompo bailarín

Baila que baila,
mi caballero.
Capa ceñida.
Punta de acero.

Cuando tú bailas
florece el viento
en clavelitos
volantineros.

Zumba que zumba,
mi maromero...
¡Que te mareas!
¡Remolinero!

Ester Feliciano Mendoza (PUERTO RICO)

El ave y el nido

¿Por qué te asustas, ave sencilla?
¿Por qué tus ojos fijas en mí?
Yo no pretendo, pobre avecilla,
llevar tu nido lejos de aquí.
Aquí, en el hueco de piedra dura,
tranquila y sola te vi al pasar,
y traigo flores de la llanura
para que adornes tu libre hogar.
Pero me miras y te estremeces,
y el ala bates con inquietud,
y te adelantas, resuelta, a veces,
con amorosa solicitud.
Porque no sabes hasta qué grado
yo la inocencia sé respetar,
que es, para el alma tierna, sagrado
de tus amores el libre hogar.
¡Pobre avecilla! Vuelve a tu nido
mientras del prado me alejo yo,
en él mi mano lecho mullido
de hojas y flores te preparó.
Mas si tu tierna prole futura
en duro lecho miro al pasar,
con flores y hojas de la llanura
deja que adorne tu libre hogar.

Salomé Ureña de Henríquez (REPÚBLICA DOMINICANA)

Canción del niño y la mar

El niño se fue a la mar
se fue a la mar a jugar,
el niño corre a una ola
la ola lo va a mojar.

Corre el niño por la orilla
y la ola... corre más,
niño y ola... ola y niño
por la orilla de la mar.

La ola se hace espuma
festón de fino cristal
y alcanza al niño que corre
dándole un beso de sal.

Ríe el niño... corre... vuela
¡otra ola va a llegar!
niño y ola... ola y niño
por la orilla de la mar.

Graciela Genta (URUGUAY)

Sembrador

En un campo blanco,
semillitas negras...
¡Que llueva, que llueva...!
Sembrador, ¿qué siembras?
¡Cómo canta el surco!
¡Que llueva, que llueva...!
¡Yo siembro arco iris,
albas y trompetas!
¡Que llueva, que llueva!

Rafael Olivares Figueroa (VENEZUELA)

Primavera

Olor de la primavera
en el huerto de mi casa.

Olor de frutas maduras
y olor de miel de la caña.

Olor de la rosa nueva
y olor de jazmín de plata.

Olor de tierra con lluvia
y olor de brisa que pasa.

Todos los voy persiguiendo
en la luz de la mañana.

Manuel Felipe Rugeles (VENEZUELA)

Autores

ARGENTINA

Leopoldo Lugones. Poeta y ensayista argentino. Nació en Villa María de Río Seco, en 1874, y murió en Tigre, en 1938. Entre sus libros de poesía se encuentran *Las montañas de oro*, *Los crepúsculos del jardín* y *Lunario sentimental*.

José Sebastián Tallon. Poeta nacido en Buenos Aires, en 1904, y fallecido en esa misma ciudad en 1954. Autor de los libros *La garganta del sapo* y *Las torres de Nuremberg*. Fue uno de los iniciadores de la poesía argentina para niños.

BOLIVIA

Oscar Alfaro. Poeta, narrador y educador boliviano. Nació en Tarija, en 1921, y falleció en La Paz, en 1963. Autor de algunos de los más importantes libros para niños de su país, como *Alfabeto de estrellas*, *Cien poemas para niños* y *El circo de papel*.

BRASIL

Marina Colasanti. Narradora y poetisa nacida en Asmara, Etiopía, en 1937. Reside desde 1948 en Brasil. Su producción literaria para los lectores infantiles y juveniles incluye títulos como *Una idea toda azul*, *Lejos como mi querer* y *La joven tejedora*.

Ana Maria Machado. Escritora nacida en Rio de Janeiro, en 1941. Recibió la medalla

Hans Christian Andersen, otorgada por IBBY, en el año 2000. Entre sus libros para niños y jóvenes están *Historia medio al revés*, *Bisa Bea, Bisa Bel* y *Niña bonita*.

CHILE

Gabriela Mistral. Seudónimo de la poetisa y educadora chilena Lucila Godoy, ganadora del Premio Nobel de Literatura en 1945. Nació en Vicuña, en 1889, y falleció en Nueva York, en 1957. Su obra incluye los poemarios *Desolación, Tala* y *Lagar*. En *Ternura* reunió sus versos dedicados a los niños.

Alicia Morel. Escritora nacida en Santiago de Chile, en 1921. En su producción sobresalen títulos como *Juanilla, Juanillo y la abuela*, *La Hormiguita Cantora y el Duende Melodía* y *Cuentos araucanos*.

COLOMBIA

Rafael Pombo. Poeta nacido en 1833, en Bogotá, y fallecido en 1912 en la misma ciudad. Sus libros *Cuentos pintados, Cuentos morales para niños formales* y *Fábulas y verdades* lo convirtieron en la gran figura de la literatura infantil de su país.

Yolanda Reyes. Narradora, poetisa y educadora colombiana nacida en Bucaramanga, en 1959. Ha publicado libros para niños como *El terror de Sexto B, María de los Dinosaurios* y la novela juvenil *Los años terribles*.

COSTA RICA

Carmen Lyra. Seudónimo de María Isabel Carvajal Quesada, escritora y educadora nacida en San José, Costa Rica, en 1888. Falleció en la capital de México en 1949. Autora de *Los cuentos de mi tía Panchita*, clásico de la literatura infantil costarricense.

CUBA

José Martí. Poeta, narrador y ensayista cubano, uno de los más brillantes intelectuales de la lengua española en su época. Nació en La Habana, en 1853, y falleció en 1895, cuando combatía por la independencia de su patria. Autor de obras como *Ismaelillo*, *Versos sencillos* y *Versos libres*. Para los niños escribió la revista *La Edad de Oro*.

Antonio Orlando Rodríguez. Escritor cubano nacido en Ciego de Ávila, en 1956. Entre sus libros para niños se encuentran *Mi bicicleta es un hada y otros secretos por el estilo*, *La isla viajera*, *¡Qué extraños son los terrícolas!* y *Romerillo en la cabeza*.

ECUADOR

Edgar Allan García. Narrador y poeta ecuatoriano nacido en Esmeraldas, en 1959. Su obra para niños incluye títulos como *Rebululú*, *Abracadabra*, *Leyendas del Ecuador* y *Palabrujas*.

EL SALVADOR

Claudia Lars. Seudónimo de la escritora salvadoreña Carmen Brannon, nacida en Armenia, en 1899, y fallecida en San Salvador, 1974. Su libro *Escuela de pájaros* es un clásico de la literatura infantil de su país. Entre otras obras publicó *Tierra de infancia*, sus memorias de niñez.

ESPAÑA

Félix Lope de Vega y Carpio. Poeta y dramaturgo nacido en Madrid, en 1562, y fallecido en esa misma ciudad en 1635. Autor de libros de versos como *Rimas* y *La Filomena*, y de novelas como *La Dorotea*. Dentro de su teatro sobresalen *Peribáñez y el comendador de Ocaña*, *El perro del hortelano* y *Fuenteovejuna*.

Federico García Lorca. Poeta y dramaturgo español nacido en Fuente Vaqueros, en 1898, y fallecido en Víznar, en 1936. Una de las más sobresalientes voces de la Generación del 27. Entre sus libros de versos se encuentran *Canciones*, *Romancero gitano* y *Poeta en Nueva York*. Su producción dramática incluye títulos como *Bodas de sangre*, *Yerma* y *Doña Rosita la soltera*.

ESTADOS UNIDOS

Shel Silverstein. Escritor e ilustrador estadounidense de libros para niños nacido en Chicago, en 1930, y fallecido en Key West en 1999. Dentro de su obra sobresalen títulos como *El árbol generoso, Donde el camino se corta* y *Hay luz en el desván.*

GUATEMALA

Francisco Morales Santos. Escritor guatemalteco nacido en Sacatepéquez, en 1940. Ha publicado, entre otros libros, *Ajonjolí, Tío Conejo y Tío Coyote* y *Poemas escogidos para niños.*

HONDURAS

Rubén Berríos. Escritor y profesor hondureño nacido en 1936. Ha publicado los libros para niños *El caracol de cristal, El avión de papel, País de rayuelas* y *Canción de mar y canela.*

MÉXICO

Amado Nervo. Poeta modernista mexicano nacido en Nayarit, en 1870, y fallecido en Montevideo, Uruguay, en 1919. Sus versos para niños están reunidos en *Cantos escolares.* Publicó libros como *Perlas negras, Plenitud* y *La amada inmóvil.*

Isabel Suárez de la Prida. Poetisa y narradora mexicana nacida en 1918. Entre sus libros para niños se encuentran *Cuentos de Amecameca, Cuentos tontos* y *Color de tierra.*

NICARAGUA

Rubén Darío. Seudónimo del poeta y narrador nicaragüense Félix Rubén García Sarmiento, nacido en Metapa, hoy Ciudad Darío, en 1867, y fallecido en León en 1916. Principal figura del modernismo en la lengua española. Entre sus obras están *Azul, Prosas profanas, Cantos de vida y esperanza* y *Los raros.*

PANAMÁ

Héctor Miguel Collado. Poeta y narrador nacido en Ciudad de Panamá, en 1960. Sus poemarios *De trompos y rayuelas* y *¡Kakirikakiri!* recibieron el premio nacional de literatura infantil Medio Pollito en 1985 y 1986, respectivamente. Ha publicado, además, diversas obras para adultos.

PARAGUAY

Marialuisa Artecona de Thompson. Escritora paraguaya nacida en Guarambaré, en 1927, y fallecida en Asunción, en 2003. Para los niños publicó *Cartas al señor Sol, Viaje al país de las campanas* y *Tarde de lluvia en Tiquichuela,* entre otras creaciones.

PERÚ

Heriberto Tejo. Escritor y educador peruano nacido en Palencia, España, en 1951. Premio Nacional de Literatura Infantil de Perú en 1985, 1987 y 1990 con los libros *Canto de gorriones, Magia de primavera y Camino del arco iris*, respectivamente.

PUERTO RICO

Luis Lloréns Torres. Poeta y educador nacido en Juana Díaz, Puerto Rico, en 1876, y fallecido en Santurce en 1944. Entre sus libros se encuentran *Al pie de la Alhambra, La canción de las Antillas y otros poemas* y *Alturas de América*.

Ester Feliciano Mendoza. Poetisa y educadora puertorriqueña nacida en Aguadilla en 1918 y fallecida en Río Piedras en 1980. Libros como *Nanas, Coquí, Sinfonía de Puerto Rico* y *Ronda del mar* hacen de ella una de las figuras más representativas de la literatura infantil de su país.

REPÚBLICA DOMINICANA

Salomé Ureña de Henríquez. Poetisa y educadora nacida en Santo Domingo, en 1850, y fallecida en 1897. Está considerada una de las más importantes figuras de la poesía de su país en el siglo XIX.

URUGUAY

Graciela Genta. Escritora y maestra nacida en Montevideo, en 1936. Ha publicado los poemarios para niños *Lunas de abril, La luna traviesa y otros poemas* y *De ceibos y calandrias*. También es autora de diversos libros dedicados a los lectores adultos, entre ellos *Catedrales de humo* y *Simplemente otoño*.

VENEZUELA

Rafael Olivares Figueroa. Poeta nacido en Caracas, en 1893, y fallecido en esa misma ciudad en 1972. Publicó libros como *Espiga pueril, Sueños de arena* y *Suma poética*.

Manuel Felipe Rugeles. Poeta venezolano nacido en San Cristóbal, Táchira, en 1903, y fallecido en Caracas en 1959. Fundó y dirigió la revista infantil *Pico-Pico*. Autor de *¡Canta, Pirulero!*, clásico de la poesía para niños de su país.

Índice